Pebble

Bilingüe/
Bilingual

T0084932

En el espacio/Out in

El Sol/The Sun

por/by Martha E. H. Rustad

Editora consultora/Consulting Editor: Gail Saunders-Smith, PhD

Consultor/Consultant: Roger D. Launius, PhD
Curador principal/Senior Curator:
División de Historia Espacial/Division of Space History
Museo Nacional del Aire y del Espacio/National Air and Space Museum
Smithsonian Institution, Washington, D.C.

CAPSTONE PRESS
a capstone imprint

Pebble Books are published by Capstone Press,
1710 Roe Crest Drive, North Mankato, Minnesota 56003.
www.capstonepub.com

Library of Congress Cataloging-in-Publication Data
Rustad, Martha E. H. (Martha Elizabeth Hillman), 1975–
    [Sun. Spanish & English]
    El sol = The sun / por Martha E.H. Rustad.
    p. cm.—(Pebble bilingüe. En el espacio = Pebble bilingual. Out in space)
    Summary: "Simple text and photographs introduce the Sun and its features—
in both English and Spanish"—Provided by publisher.
    Includes index.
    ISBN 978-1-4296-5343-5 (library binding)
    ISBN 978-1-4296-8556-6 (paperback)
    1. Sun—Juvenile literature. I. Title. II. Title: Sun. III. Series.
QB521.5.R8718 2011
523.7—dc22   2010005002

Note to Parents and Teachers

The En el espacio/Out in Space set provides the most up-to-date
solar system information to support national science standards.
This book describes and illustrates the Sun in both English and
Spanish. The photographs support early readers in understanding
the text. This book also introduces early readers to subject-specific
vocabulary words, which are defined in the Glossary section. Early
readers may need assistance to read some words and to use the
Table of Contents, Glossary, Internet Sites, and Index sections of
the book.

Table of Contents

Tabla de contenidos

A Yellow Star

The Sun shines
brightly in the sky.
It is a yellow star.

Una estrella amarilla

El Sol brilla intensamente
en el cielo. Él es una
estrella amarilla.

The Sun is the
closest star to Earth.
It is 93 million miles
(150 million kilometers)
away from Earth.

El Sol es la estrella más
cercana a la Tierra.
Él está a 93 millones de millas
(150 millones de kilómetros)
de la Tierra.

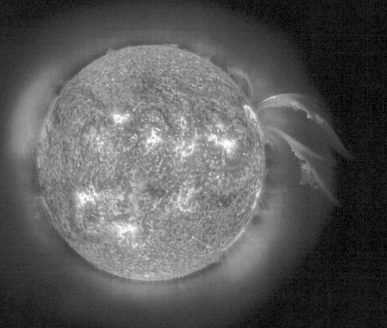

8

The Sun is like
other stars in space.
It is a burning ball
of gases.

El Sol es como otras
estrellas del espacio.
Es una bola ardiente
de gases.

Sun/Sol

109 Earths/109 planetas Tierra

The Sun is much
larger than Earth.
About 109 Earths
could fit across
the Sun.

_____

El Sol es mucho más
grande que la Tierra.
Casi 109 planetas Tierra
podrían caber a lo
largo del Sol.

Sun/Sol

Asteroid Belt/
Cinturón de asteroides

Mercury/
Mercurio

Moon/
Luna

Mars/
Marte

Venus/
Venus

Earth/
Tierra

Ceres/Ceres
(dwarf planet/
planeta enano)

Neptune/
Neptuno

Uranus/
Urano

Saturn/
Saturno

Pluto/Plutón
(dwarf planet/
planeta enano)

Jupiter/
Júpiter

Eris/Eris
(dwarf planet/
planeta enano)

12

Planets and the Sun

The Sun is the center of the solar system. Planets, dwarf planets, asteroids, and comets move around the Sun.

Los planetas y el Sol

El Sol es el centro del sistema solar. Los planetas, los planetas enanos, los asteroides y los cometas se mueven alrededor del Sol.

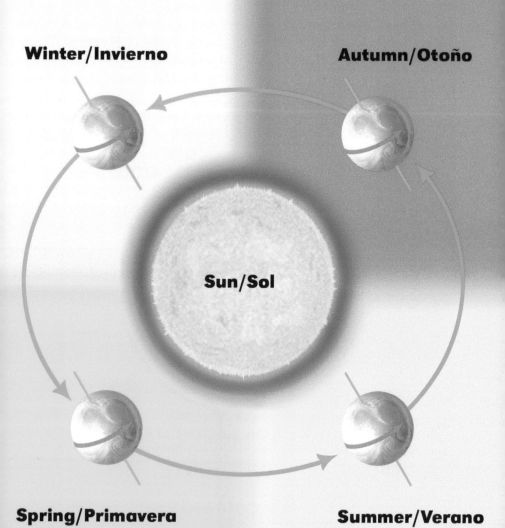

Winter/Invierno

Autumn/Otoño

Sun/Sol

Spring/Primavera

Summer/Verano

14

Earth moves around
the Sun once each year.
The seasons change
as Earth moves
around the Sun.

———————————

La Tierra se mueve
alrededor del Sol cada año.
Las estaciones cambian
a medida que la Tierra
se mueve alrededor del Sol.

Sun/Sol

**Earth/
Tierra**

The Sun in Earth's Sky

Earth spins once each day. As Earth spins, the Sun seems to move across the sky.

El Sol en el cielo de la Tierra

La Tierra gira una vez cada día. Mientras la Tierra gira, parece que el Sol se mueve a través del cielo.

The Sun rises in the
east every morning.
The Sun sets in the
west every night.

———————————

El Sol sale por el este
cada mañana.
El Sol se pone por
el oeste cada noche.

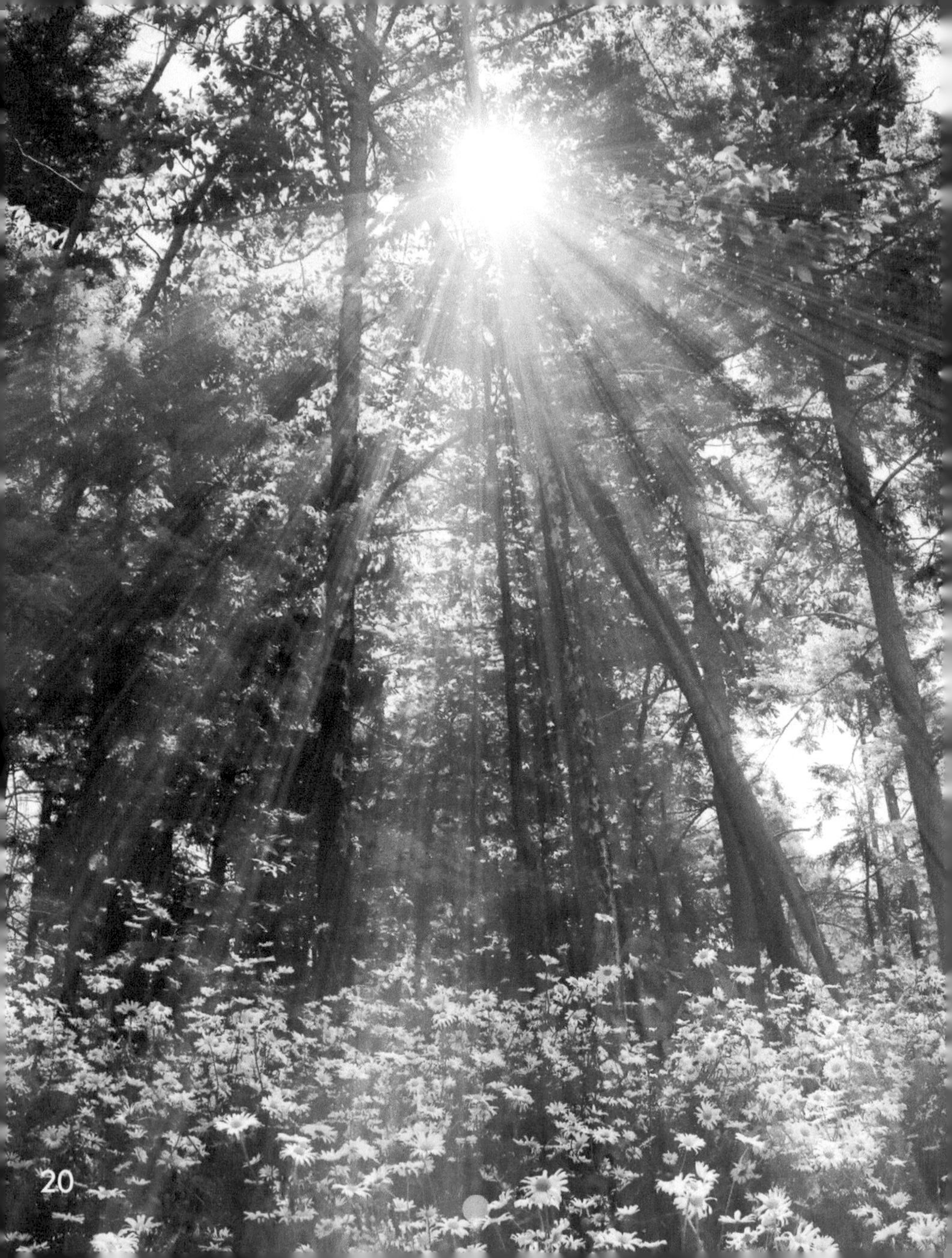

The Sun gives Earth
light and heat.
The Sun makes
life on Earth possible.

———————————

El Sol da luz y calor
a la Tierra. El Sol hace
que sea posible
la vida en la Tierra.

Glossary

asteroid—a large rocky body that moves around the Sun

comet—a ball of rock and ice that moves around the Sun

dwarf planet—a round object that moves around the Sun but is too small to be a planet

gas—a substance that spreads to fill any space that holds it

planet—a large object that moves around the Sun

solar system—the Sun and the objects that move around it; our solar system has eight planets, dwarf planets including Pluto, and many moons, asteroids, and comets

Internet Sites

FactHound offers a safe, fun way to find Internet sites related to this book. All of the sites on FactHound have been researched by our staff.

Here's all you do:

Visit *www.facthound.com*

Type in this code: 9781429653435

Glosario

el asteroide—un cuerpo rocoso grande que se mueve alrededor del Sol

el cometa—una bola de roca y hielo que se mueve alrededor del Sol

el gas—una sustancia que se extiende para llenar cualquier espacio que la contenga

el planeta—un objeto grande que se mueve alrededor del Sol

el planeta enano—un objeto redondo que se mueve alrededor del Sol pero es muy pequeño para ser un planeta

el sistema solar—el Sol y los objetos que se mueven a su alrededor; nuestro sistema solar tiene ocho planetas, planetas enanos que incluyen a Plutón, y muchas lunas, asteroides y cometas

Sitios de Internet

FactHound brinda una forma segura y divertida de encontrar sitios de Internet relacionados con este libro. Todos los sitios en FactHound han sido investigados por nuestro personal.

Esto es todo lo que tienes que hacer:

Visita *www.facthound.com*

Ingresa este código: 9781429653435

Index

Índice

Editorial Credits

Strictly Spanish, translation services; Katy Kudela, bilingual editor; Kim Brown, set designer and illustrator; Eric Manske, designer; Laura Manthe, production specialist

Photo Credits

Getty Images Inc./All Canada Photos/John E. Marriott, 4; NASA/JPL, 12 (Neptune and Venus); NASA/STScI, 12 (Jupiter and Saturn); NASA/USGS, 12 (Mars and Uranus); NASA/Visible Earth, 12 (Earth); Photodisc, 12 (Mercury); Shutterstock/coko, 1; Shutterstock/CyMaN, 6; Shutterstock/IoanaDrutu, 20; Shutterstock/Steven Dern, 18; SOHO (ESA & NASA), cover, 8